CATALOGUE

DE

TABLEAUX

ANCIENS

DES ÉCOLES FLAMANDE & HOLLANDAISE

Provenant de la Collection de M. de ROTTERDAM

DONT LA VENTE AURA LIEU

HOTEL DES COMMISSAIRES - PRISEURS

Rue Drouot, n° 5

SALLE N° 5

Le Jeudi 20 Mars 1862

Par le ministére de M° **DELBERGUE-CORMONT**, Comm°-Priseur,
rue de Provence, 8,
Assisté de M. **DHIOS**, Expert, rue Le Peletier, 33,
CHEZ LESQUELS SE DISTRIBUE LE PRÉSENT CATALOGUE.

EXPOSITION PUBLIQUE

Le Mercredi 19 Mars 1862, de midi à cinq heures.

PARIS

RENOU & MAULDE

IMPRIMEURS DE LA COMPAGNIE DES COMMISSAIRES-PRISEURS
Rue de Rivoli, 144.

1862

EXEMPLAIRE DE DHIOS

CATALOGUE

DE

TABLEAUX

ANCIENS

DES ÉCOLES FLAMANDE & HOLLANDAISE

Provenant de la Collection de M. de ROTTERDAM

DONT LA VENTE AURA LIEU

HOTEL DES COMMISSAIRES - PRISEURS

Rue Drouot, no 5

SALLE N° 5

Le Jeudi 20 Mars 1862

Par le ministère de Mᵉ **DELBERGUE-CORMONT**, Commᵣᵉ-Priseur,
rue de Provence, 8,

Assisté de M. **DHIOS**, Expert, rue Le Peletier, 33,

CHEZ LESQUELS SE DISTRIBUE LE PRÉSENT CATALOGUE.

EXPOSITION PUBLIQUE

Le Mercredi 19 Mars 1862, de midi à cinq heures.

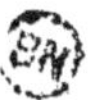

PARIS

RENOU & MAULDE

IMPRIMEURS DE LA COMPAGNIE DES COMMISSAIRES-PRISEURS
Rue de Rivoli, 144.

1862

Ayant reçu les tableaux après le manuscrit, nous avons dû livrer le Catalogue à l'impression tel que le propriétaire de la collection nous l'a envoyé, nous réservant de rectifier les attributions erronnées au moment de la vente, s'il y a lieu.

CONDITIONS DE LA VENTE.

Elle se fera au comptant.

Les adjudicataires paieront cinq centimes par franc, applicables aux frais, en sus des enchères.

DÉSIGNATION

DES TABLEAUX

BACKUYSEN (L.).

1 — Marine, mer agitée.

BASTEL (N.).

2 — Vue d'Amsterdam.

BERGHEM (N.).

3 — Pâtre gardant des bestiaux.

BESCHEY.

4 — Le Christ sur la croix ; de chaque côté on voit
les deux larrons.

BOUCHER (F.).

5 — Groupe d'Amours tenant des fleurs, dans un
encadrement en bois sculpté.

DU MÊME.

6 — Groupe d'Amours jouant avec des oiseaux, dans
un encadrement en bois sculpté.

BREUGHEL.

7 — Paysage avec une route traversant un village.

CARRÉ (H.).

8 — Portrait de jeune fille, représentée à l'entrée d'un parc.

CUYP (A.).

9 — Cavaliers dans un paysage.

DU MÊME.

10 — Mon oie fait tout.

DU MÊME.

11 — La Marchande de volaille.

DU MÊME.

12 — Portrait d'homme coiffé d'une tocque ornée d'une plume.

DIÉTRICH.

13 — Portrait d'homme coiffé d'un turban garni de pierreries.

VAN DER DOES (S.).

14 — Paysage avec enfants gardant des moutons.

DOW (G.).

15 — Philosophe écrivant.

DU MÊME.

16 — La Madeleine repentante.

LE DUCQ (J.).

17 — Chasse au loup.

LE DUCQ (J.).

18 — Chasse à l'ours.

VAN DYCK.

19 — Le Christ mort dans les bras de la Vierge. (Esquisse.)

EEKOUTH.

20 — Apparition de l'ange aux bergers.

EVERDINGEN.

21 — Paysage, site de Norwège, sur le premier plan un pont de bois sous lequel passe un torrent dont les eaux écumantes coulent avec rapidité.

FABRICIUS.

22 — Tête d'homme.

FRANÇOIS (Constantin), 1828.

23 — La Bonne prise, scène familière.

HAALS (F.).

24 — Jeune garçon égratigné par un chat.

HAKKERT.

25 — Intérieur d'un bois orné de quelques figures.

HAKKERT (d'après).

26 — Entrée d'un bois avec cavaliers.

VAN DER HEELST.
27 — Épisode de l'histoire d'Ulysse.

VAN DER HEYDEN.
28 — Vue de ville.

VAN DER HEYDEN (genre de).
29 — Paysage avec ruines.

DE HOOG (P.).
30 — La Partie de cartes.

JANSON.
31 — Paysage. Effet d'hiver.

KONNINCK (d'après).
32 — Environs de Harlem.

GÉRARD DE LAIRESSE.
33 — Bacchus et Ariane entourés de nymphes et satyres.

LE MÊME.
34 — Ariane entourée de nymphes et satyres.

LELY (Ch.).
35 — Portrait de Charles Ier.

LÉPICIÉ.
36 — Portrait de jeune garçon tenant une souricière.

MAAS (N.).
37 — Portrait d'hommes.

MAAS (N).

38 — Portrait de femme vue à mi corps.

MANS (F.).

39 — Chaumières au bord d'une rivière chargée de
barques et animées de figures.

MATTON.

40 — Tête de vieillard.

METZU (G.).

41 — Jeune Mère et son enfant.

MIERIS (F.), LE JEUNE.

42 — Portrait de Guillaume Mieris.

DU MEME.

43 — Scène d'intérieur.

MOLENAER.

44 — Intérieur de tabagie.

LOUIS DE MONY.

45 — Intérieur. Assise près d'une table, une femme
tient d'une main un cruchon, de l'autre un
verre ; derrière elle un homme fume sa pipe.

MOREELS (P.).

46 — Buste d'une Madone.

MOREL (VAASSEN).

47 — Pêches et raisins.

MOUCHERON et LINGHELBACH (Frédéric).

48 — Halte de Cavaliers et Personnages à l'entrée d'un parc.

NEER (Van der).

49 — Clair de lune.

OMMÉGANCK.

50 — Vaches et Moutons dans un pâturage.

OS (Van).

51 — Fruits divers.

OSTADE (A. Van).

52 — Concert bachique.

POELENBURG (C.).

53 — Vénus et Adonis.

POELENBURG (C.).

54 — Nymphe poursuivie par un Satyre.

POTTER (P.).

55 — Chevaux au pâturage.

REMBRANDT.

56 — Philosophe dans son cabinet de travail.

DU MÊME.

57 — Goliath.

RIGAUD (H.).

58 — Portrait de Louis XIV.

RUYSDAEL (J.).

59 — Le Champ de blé. Sur le premier plan cavalier et villageois.

DU MÊME.

60 — Paysage lisière d'un bois.

DU MÊME.

61 — Marine ; mer agitée.

STRY (Van).

62 — Intérieur d'une maison hollandaise.

TENIERS et BREUGHEL.

63 — Deux Personnages dans un médaillon entouré de fleurs.

TERBURG (G.).

64 — Mort de Guillaume Ier (Grisaille).

TOL (Dominique Van).

65 — Marchande de poissons et de fruits.

DU MÊME.

66 — Buste de vieillard.

VALKENBURG.

67 — Paysage ; site montagneux animé de figures.

VELDE (W. Van de).

68 — Marine ; mer calme avec bateaux marchands sur le devant.

VELDE (W. VAN DE).

69 — Mer calme.

VERBOOM.

70 — Paysage; au centre, une route bordée de grands arbres sur laquelle sont arrêtés un cavalier et des chasseurs.

VERKOLYE.

71 — L'Automne représentée sous les traits d'une jeune femme.

DU MÊME.

72 — Allégorie mythologique.

VLIETH (H. VAN).

73 — Intérieur d'un temple protestant.

WATTEAU (A.).

74 — Tête de jeune femme.

WENIX (J.-B.).

75 — Vue des dunes de Schwelingue.

WERF (ADRIEN VAN DER).

76 — Saint en méditation dans une grotte.

WYT (TH.).

77 — L'Alchimiste dans son laboratoire.

ZAFTLÉVEEN (Corneille).

78 — Rivière avec barque.

ECOLE FLAMANDE.

79 — Réunion de personnages.

MÊME ÉCOLE.

80 — La Tentation de Saint Antoine.

ECOLE RUSSE.

81 — Le Père Eternel et deux patriarches.

Renou et Maulde, imprimeurs de la Compagnie des Commissaires-Priseurs,
rue de Rivoli, 144.   10301

SUPPLÉMENT AU CATALOGUE

CAPELLE (Van).

82 — Mer calme.

HULF (Van der).

83 — Le Campo-Vaccino, animé d'un grand nombre
de figures. (Tableau très-fin.)

KESSEL (Van).

84 — Paysage avec chaumière devant laquelle coule
une rivière traversée par un pont de bois.

KOBELL.

85 — Chèvres dans un paysage.

J. LAQUY.

86 — Le Coucher, scène d'intérieur. Effet de lumière.

J. LE DUCQ.

87 — Concert d'amateurs.

MAAS (Dirk).

88 — Chasse au cerf et chasse au héron. (Deux pen-
dants).

OMMÉGANCK (attribué à).

89 — Moutons et bouc dans un paysage.

SCHORELL.

90 — Sujet biblique.

STRY (A. Van).

91 — Scène d'intérieur. Effet de lumière.

VERMEULEN (A.).

92 — Intérieur d'une grange, avec un chariot attelé
de deux bœufs.

Renou et Maulde, imprimeurs de la Compagnie des Commissaires-Priseurs,
rue de Rivoli, 144.   10304